RENATE BERGMANN

So mach ich das immer!

arsEdition

»Die meisten Unfälle passieren im Haushalt«, das lese ich immer wieder in der Zeitung. Und dabei reden die nur von Katastrophen, bei denen die Rettung oder die Feuerwehr kommen muss. Die kleinen Unfälle zählen die gar nicht mit. Also, wenn man die Kartoffeln versalzen oder Wachsflecken von der Adventskerze auf dem guten Tischläufer hat.

Für den Fall der Fälle, dass kleine Pannen passieren, habe ich Ihnen 99 Tipps und Ratschläge aufgeschrieben, mit denen Sie gut durch den Alltag kommen. Ich habe mich extra mit meiner Freundin Ilse beraten, die wie ich 82 Jahre alt ist und mit mir zusammen bei der Hauswirtschaftsmeisterin Fräulein von Braun als junger Backfisch auf der Schule war. Wir haben unsere Kladden mit Notizen rausgesucht, die schon ganz vergilbt waren, und das Beste von damals mit den pfiffigsten Kniffen von heute zusammengetragen.

Damit wünsche ich Ihnen erkenntnisreiche Unterhaltung. Mich müssen Se jetzt entschuldigen, ich habe nämlich Milchreis auf dem Herd. Der setzt sehr leicht an, und bevor ich selber gleich den Tipp ausprobieren muss, wie man angebrannte Töpfe leicht sauber kriegt, rühre ich lieber um.

Herzlich, Ihre Renate Bergmann.

1

Sie können mir ruhig glauben, ich hab in meinem Leben schon viele Vögel zubereitet: Soll das Hähnchen besonders knusprig werden, salzen Sie es kräftig ein und legen es eine Nacht in den Kühlschrank. Das entzieht der Haut das Wasser und beim Braten wird der Vogel wunderbar rösch. Ob Hühnchen, Ente oder Gans – meine Gäste lecken sich immer alle zehn Finger!

2

Insekten sind nützlich und wir brauchen sie, aber im Sommer, wenn man gemütlich im Garten oder auf dem Balkon sitzt, können sie zu lästigen und gefährlichen kleinen Biestern werden, wenn sie sich in unsere Getränke verirren. Mein Tipp: Papierbackförmchen für Muffins kann man wunderbar als Insektenschutz für Limonadengläser verwenden. Man stülpt sie einfach kopfüber auf die Gläser und kann gefahrlos trinken.

3

Oft hat man in den Verpackungen so kleine Tütchen mit Kügelchen drin, wissen Se, was ich meine? Silicat heißt das, glaube ich. Das nimmt die Feuchtigkeit auf und hält alles schön trocken. Schmeißen Se die Päckchen bloß nicht weg, die kann man prima weiterverwenden! Ich lege sie in den Besteckkasten, so läuft mir das Silber nicht an. Gern können Sie die auch in die Vase von Trockenblumen legen, so krümeln die nicht. Oder in den Werkzeugkasten, da schützt es vor Rost. *Ein richtiger Tausendsassa!*

4

Ich esse so was ja nicht, aber die jungen Leute. Beim Herrn Alex aus der WG über mir habe ich mir den folgenden Tipp abgeguckt: Zwei Pizzen passen prima auf ein Backblech, wenn man sie halbiert und mit den runden Seiten zur Mitte auf das Blech legt. So wird der Platz viel besser genutzt und es spart noch Energie und Geld. *Man muss ja gucken, wie man mit dem wirtschaftet, was man hat.*

5

Von wegen *»Die Oma kriegt doch nicht mal einen Nagel in die Wand«*. Von mir können Se auch in der Hinsicht noch was lernen. Ein Nagel, der in hartes Holz geschlagen werden soll, lässt sich viel leichter einhämmern, wenn man ihn vorher mit Seife einreibt.

6

Wissen Se, in vielen Rezepten heißt es: »Man nehme den Saft einer halben Zitrone.« Und was macht man mit der anderen halben? Entweder sie vergammelt so im Kühlschrank, oder aber man gibt sie in ein kleines Döschen, in dem man die grün geschimmelte Frucht nach ein paar Wochen wiederfindet. Ich habe dagegen einen Trick: Wenn Zitronen im Angebot sind, nehme ich ein Netz mit, presse den Saft aus und friere den portionsweise im Eiswürfelbehälter ein. Die Zitronensaftwürfel kann ich prima dosieren, ob nun über ein Wiener Schnitzel, in den Tee oder auch für den Kuchen.

7

Der Eiswürfelbereiter eignet sich übrigens nicht nur ganz ausgezeichnet, um Zitronensaft einzufrieren, er ist auch prima, um Kräuter portionsgerecht einzufrosten. Ob es nun Schnittlauch ist, Petersilie oder auch Basilikum – ich friere das in kleinen Portionen, mit ein bisschen Wasser, damit alles gut zusammenhält, zu Würfeln und habe so stets einen Vorrat im Froster. Denn Oma Streleman hat immer gesagt: *»Mit frischen Kräutern würzen heißt, mit Liebe kochen.«*

8

Um die Armaturen in der Badestube oder in der Küche zu entkalken und blitzeblank rein zubekommen, gebe ich Essigessenz auf ein Küchentuch und wickle das um die Wasserhähne. Nach ein paar Minuten Einwirkzeit wische ich nur noch mit einem Lappen mit klarem Wasser nach und *alles strahlt wie neu!*

9

Jetzt wird es ein bisschen – intim.

Aber der Tipp hilft weiter, also, legen Se die Ohren an und haben Se sich nicht so altjüngferlich: Den Wasserhahn muss man zum Entkalken des Auslaufs nicht abschrauben. Man füllt ein bisschen Essigessenz in ein Kondom und knotet es so zusammen, dass die Öffnung mit dem Filter gut einweichen kann. Nach ein paar Minuten nur nachspülen, fertig. Hihi, ich werde nie den Blick meiner Nachbarin, Frau Meiser, vergessen, als sie nach mir an der Mülltonne war.

10

Bei sanftem Landregen im Frühjahr oder Sommer stelle ich die Zimmerpflanzen gern ins Freie. Man kann noch so viel wischen und sprühen, nie schafft man es, die Grünpflanzen so gut vom Staub zu befreien, wie es Mutter Natur mit einem sanften Regen hinkriegt. ***Glauben Se mir, die Blumen werden es Ihnen danken!***

11

»Geben Sie eine halbe, fein geschnittene Zwiebel hinzu«, steht in fast jedem Rezept. Früher habe ich dann oft weitergeblättert, denn wegen so ein bisschen Zwiebel tagelang mit streng riechenden Händen rumzulaufen – darauf hatte ich keine Lust. Aber es gibt einen Trick! Reiben Se die Hände, die nach Zwiebel riechen, mit einer Prise frischem Kaffeepulver ein, das neutralisiert den Gestank. Es reicht eine kleine Prise, bei den Preisen heutzutage muss man sparsam sein.

12

Lamellenvorhänge stauben gerne ein. Geht man da mit dem Staubsauger dran, gibt es nur ein Unheil und man reißt die Hälfte ab, die Strippen verschwinden im Staubsaugerrohr und der Handwerker muss kommen und die für teures Geld wieder anschrauben. Sparen Sie sich den Ärger! Wickeln Se ein weiches Tuch um eine Grillzange, damit können Se die einzelnen Lamellen prima vom Staub befreien. Je nach Verschmutzungsgrad können Sie nach der ersten Runde mit dem trockenen Tuch gleich noch eine zweite mit einem feuchten Lappen machen. *Ich bitte Sie, das macht doch keine Mühe, wenn man schon mal dabei ist!*

13

Im Sommer naschen Gertrud und ich zu gerne Kirschen, und die entkernen wir immer mit einer Haarnadel. Aber nach allem, was ich so aus neumodischen Haushalten höre, fehlt es in Sachen Ausstattung an allen Ecken und Enden. Manche haben nicht mal Haarnadeln da, denken Se sich das mal! Aber auch in solchen Fällen gibt es einen Kniff: Mit der Tülle eines Spritzbeutels können Sie die Kirschkerne *ruck, zuck entfernen.*

14

Meist wird Kaffee als ganzes Pfund angeboten. *Wissen Se,* ich als alleinstehende Person mit ein bisschen hohem Blutdruck und der Ansage von Frau Doktor, dass ich nur eine Tasse am Tag trinken darf, reiche damit ja ewig hin! Das feine Aroma verfliegt aber sehr schnell. Deshalb teile ich mir das Pulver in drei oder vier Portionen und friere es ein. So hat man immer frischen, duftenden Kaffee. Ich sage immer, gerade, wenn man nur eine Tasse darf, *dann soll er auch schmecken!*

15

Wachsflecken hat man sich wirklich
schnell eingehandelt, und aus der guten
Tischdecke oder auch vom Teppich
sind sie nicht so leicht zu entfernen.
Aber auch da habe ich einen Rat:
Legen Se ein paar Eiswürfel in einen
Gefrierbeutel und tun Se diesen auf
die Unfallstelle. Es dauert gar nicht lange,
dann sind die Wachsflecken gefroren und
man kann sie mühelos abbröckeln.

16

Fettspritzer können Sie beim Braten nicht ganz vermeiden, *selbst eine Renate Bergmann kann das nicht.* Aber man kann sie deutlich mildern, indem man eine Prise Salz in das heiße Öl gibt. *Noch ein Tipp:* Das Fleisch immer vom Körper weg in die Pfanne legen. Denn wenn das heiße Fett schon spritzt, muss es ja nicht auf den Unterarm sein.

17

Ich freue mich über jedes Stückchen Grün, erst recht in der Stadt. Aber zwischen den Gehwegplatten ist Unkraut gefährlich, denn bei Regen kann man schnell mal ausrutschen. Man kann das ganz leicht entfernen, indem man es mit siedend heißem Wasser übergießt. Also tun Se uns alten Menschen doch den Gefallen und machen Se sich das bisschen Mühe. *Es ist ja auch eine Frage der Sicherheit, nich wahr?*

18

Wissen Se, es gibt teure Maschinen zum Kaffeekochen. Die einen pressen Wasserdampf durch das Pulver, für andere braucht man Kapseln für horrendes Geld, und die nächsten nehmen so viel Platz weg wie eine Waschmaschine. Aber ich sage Ihnen: am besten schmeckt noch immer handgebrühter Kaffee! Zunächst lässt man siedend heißes Wasser durch den Filter laufen und spült die Kanne aus. Dadurch quillt das Filterpapier und schluckt nicht das gute Aroma, außerdem ist die Kanne vorgewärmt. Pro Tasse nimmt man einen schwach gehäuften Teelöffel Kaffeepulver und streut eine kleine Prise feines Salz drüber. Das hebt den Geschmack! Alsdann gießt man das Kaffeewasser langsam auf und lässt es durch den Filter sickern.

Ach, mir tropft schon der Zahn, wenn ich Ihnen das nur aufschreibe!

19

Beim Backen gebe ich immer nur die Hälfte der angegebenen Menge Backpulver zum Teig und lieber noch zwei Esslöffel Rum bei. Das schmeckt sehr fein, gibt ein köstliches Aroma und treibt genauso wie Backpulver. Da muss man natürlich gucken, dass keine Kinder mitessen. Der Alkohol verfliegt zwar, aber ich kenne doch die modernen Helikoptermütter von heute. Die regen sich nur auf, und die Diskussion kostet Nerven. *Wissen Se, die muss ich in meinem Alter schonen.*

20

Bei staubigen Wänden oder Spinnweben an der Decke ist der Staubsauger viel zu unhandlich und schwer. *Nehmen Se den guten alten Wischmob!* Das haben wir Frauen seit Jahrhunderten so gemacht, und seit es die weichen Tücher gibt, die man einfach abreißen und wegschmeißen kann, wenn sie schmutzig sind, erst recht.

21

Merken Se sich das: Pilze sollte man nicht waschen. Sie saugen sich mit Wasser voll und werden beim Kochen matschig, und Sie haben nur Pamps im Topf. Man entfernt groben Schmutz am besten mit einem Pinsel oder einer kleinen Bürste und brät sie ungewaschen. Ausnahmsweise! Sonst wird in der Küche alles penibel gewaschen und geschrubbt.

22

Wissen Se, ich bin keine, die viel Schischi und viele Geräte in der Küche haben muss. Es gibt ja so Leute, die extra eine Maschine haben, mit der sie einmal im Jahr Mandeln mahlen zum Plätzchenbacken, und den Rest des Jahres steht das Trumm dumm rum. Aber was ich habe, das ist ein extra Holzlöffel für Fischgerichte. Holzlöffel nehme ich gern, weil sie sanft zur Pfanne und zum Gargut sind, aber sie nehmen ein bisschen den Geschmack an. Deshalb habe ich für Fisch und Zwiebeln extra Holzlöffel. Kurt hat mir mit dem Lötkolben oben am Griff extra eine Kuller, die eine Zwiebel sein soll, und einen kleinen Fisch eintätowiert.

23

Zinnwaren können Sie ganz prima ohne Spezialputzmittel sauber kriegen – die glänzen wieder wie neu, damit können Se dann auch zum Horst Lichter in die Sendung. Reiben Sie die häufig verschnörkelten Vasen oder Reliefteller einfach mit Zahnpasta ein und schrubben sie mit einem kleinen Bürstchen drüber. Mit Wasser abspülen und mit einem trockenen Tuch gut nachpolieren.
So kommt die Schönheit des Zierrats wieder prima zum Vorschein.

24

Ich nutze meine elektrische Kaffeemühle gern, um Gewürze darin zu mahlen, und auch, um Puderzucker aus Kristallzucker herzustellen. Das geht ganz wunderbar! Aber passen Sie gut auf, aromatische Gewürze hinterlassen natürlich einen intensiven Geruch. Den kriegt man mit Spülen und Wischen nicht weg. Aber auch da hat Renate Bergmann einen Tipp für Sie: Geben Sie eine halbe Scheibe recht trockenes Brot in die Mühle und lassen Sie das Gerät laufen. Danach ist alles blitzsauber und riecht nicht mehr.

Da staunen Se, was?

25

Bevor ich verreise, lege ich immer eine Münze in den Gefrierschrank. *»Nanu?«,* **werden Se fragen.** *»Warum das denn?«* **Das werde ich Ihnen sagen! Ich stelle eine Tasse ins Gefrierfach, etwa halb voll mit Wasser, und lasse es gefrieren. Darauf lege ich eine Münze. Wenn ich nach ein paar Tagen oder auch Wochen nach Hause komme und die Münze liegt noch lose auf dem Eis, ist alles in Ordnung. Ist sie aber eingesunken, war zwischendurch der Strom weg und der Tiefkühler war aufgetaut. Dann muss man alles Essen wegschmeißen, so traurig es ist.** ***Aber besser so, als noch was am Magen zu kriegen!***

26

Alle zwei, drei Monate gebe ich zwei Geschirrspülertabs in die Waschmaschine und lasse das Gerät leer bei 60 Grad laufen. Das spart auf Dauer viel Strom, denn das Reinigertab holt Dreck und Kalk richtig runter und lässt die Heizstäbe wieder besser wirken. Man kann solche Reinigungstabletten auch für teures Geld extra für Waschmaschinen kaufen, aber die vom Geschirrwascher tun es genauso gut, glauben Se mir.

27

Bevor Sie die frisch gewaschene Wäsche aufhängen, gehen Sie bitte mit einem feuchten Lappen kurz über die Leine. »Das ist doch wohl selbstverständlich!«, werden die meisten jetzt denken, aber ich kann Ihnen aus täglicher Beobachtung sagen, dass es das nicht ist. Es regnet, die Leine ist feucht, es staubt, kleine Vögelein lassen was fallen … Also, es gibt wirklich genug Gründe, die Leine abzuwischen. Sonst haben Se unter Umständen umsonst gewaschen und gleich wieder Schmutz am Schlüpfer, und das muss ja nun wirklich nicht sein.

28

Manch einer tut sich ein bisschen schwer, das Eidotter vom Weißen zu trennen. Fräulein von Braun hat uns das auf der Bräuteschule sogar mit einer Hand beigebracht, deshalb bin ich da verwundert, dass manche das nicht können. Aber gut. *Auch hier gibt es einen Kniff:* Schlagen Sie das Ei in einen Trichter. Das Eiweiß wird langsam ablaufen, und übrig bleibt das Dotter, das Sie dann weiterverwenden können.

29

Was ärgere ich mich immer, wenn neu gekaufte Gläser oder Teller mit klebrigen Etiketten vollgekladdert sind. Manchmal hat man Glück und bekommt sie mit dem Föhn noch gut abgelöst, aber manchmal knibbelt man selbst mit diesem Trick umsonst. Probieren Se mal, das Kleberli mit etwas Speiseöl einzureiben und das Öl gut einwirken zu lassen. Nach zehn Minuten lässt es sich ganz einfach abziehen. Den Tipp habe ich aber nicht aus der Bräuteschule, den habe ich aus dem *»Goldenen Echoblatt der Frau«* ausgeschnitten. Die haben oft prima Kniffe!

30

Beim Kochen entstehen fettige Dämpfe und die lagern sich oben auf den Schränken ab. Das ist bei jedem so, da beißt die Maus keinen Faden ab. Diesen schmierigen, klebrigen Film kriegen Se nur mit kräftigem Schrubben und Fettlöser wieder weg. Man kann aber prima vorbeugen, indem man einfaches Zeitungspapier auf die Küchenschränke legt. Da oben sieht es doch eh keiner! Ich fixiere das mit ein bisschen Klebeband und tausche es einfach alle halbe Jahre aus. Das spart mir eine Menge Putzarbeit.

31

Wollen Se ein Steak braten, ist immer die große Frage, ob es durch, halbdurch oder blutig sein soll. Mit den Zeitangaben ist das so eine Sache, wissen Se, jeder Herd ist anders, jede Pfanne auch und das Fleisch sowieso. Eine gute Hausfrau verlässt sich dabei auf ihr Gefühl. Drückt man auf das Fleisch und es ist noch weich, wie beim Drücken auf das Kinn, ist es roh. Englisch. *Blutig*. Fühlt es sich an wie beim Drücken auf die Nase, kann man davon ausgehen, dass das Fleisch halb durchgebraten, aber noch rosa in der Mitte ist. *Medium,* sagt man wohl. Fühlt es sich fest an wie beim Drücken auf die Stirn, haben Se eine *Schuhsohle* gebraten. *Es ist dann sehr gut durch.*

32

Es kann eine ganz schöne Kniffelei sein, den Faden in das Nadelöhr zu frickeln. Probieren Se mal, den Faden mit einem Sprüher Haarlack kurz trocknen zu lassen. Er wird dann so fest, dass er sich mühelos ins Nadelöhr fädeln lässt.

33

Bevor Besuch kommt, gehe ich immer noch schnell mit einem Lappen durch die Wohnung, auf den ich einen Spritzer Parfüm gegeben habe. *So riecht alles sauber, reinlich und frisch und die Gäste fühlen sich gleich wohl.*

34

Ein gutes Küchenmesser müssen Sie schonen, es ist ein wichtiges Handwerkszeug. Es gehört nicht in die Spülmaschine, weil die Hitze ihm nicht guttut. Und gewöhnen Se sich bitte auch an, das Geschnippelte mit dem Messerrücken vom Brett zu streichen, nicht mit der Schneide. Das Messer wird sonst nur unnütz stumpf und muss nachgeschliffen werden.

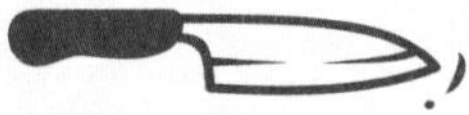

35

Würstchen platzen gern, wenn man sie heiß macht. *»Platzkonzert«*, ruft meine Freundin Gertrud dann oft amüsiert. Das passiert nicht, wenn man das Wasser aufkocht, die Wienerchen reinlegt und den Herd sofort ausstellt. Es reicht, die Würstchen zehn Minuten ziehen zu lassen. So werden sie knackig, schön heiß und platzen garantiert nicht.

36

Fruchtfliegen sind wirklich lästige Gesellen. Bei Gertrud muss man immer die Lesebrille aufhaben, wenn man Gurkensalat isst: Sie macht so viel Dill dran, dass man die Fruchtfliegen fast übersieht. Ich stelle immer ein Schälchen mit Apfelessig und ein paar Spritzern Spülmittel neben die Obstschale, das zieht die Viecher an und man hat seine Ruhe.

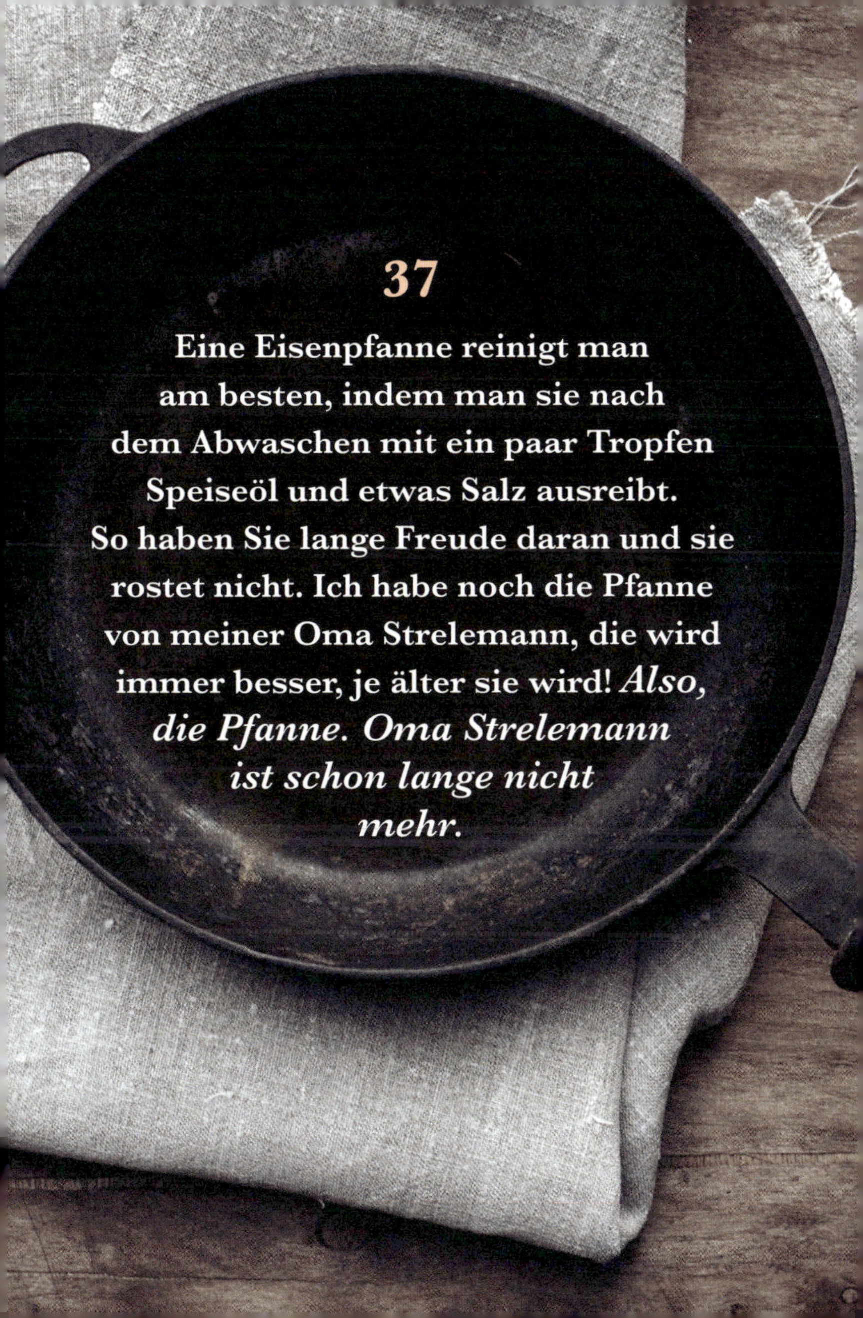

37

Eine Eisenpfanne reinigt man am besten, indem man sie nach dem Abwaschen mit ein paar Tropfen Speiseöl und etwas Salz ausreibt. So haben Sie lange Freude daran und sie rostet nicht. Ich habe noch die Pfanne von meiner Oma Strelemann, die wird immer besser, je älter sie wird! *Also, die Pfanne. Oma Strelemann ist schon lange nicht mehr.*

38

Neulich ist mir beim Aufräumen das Waffeleisen in die Hände gefallen. Das steht ja die meiste Zeit nur rum. Wann macht man denn schon mal Waffeln, frage ich Sie? Ich habe dann einfach einen entkernten Apfel in dicke Scheiben geschnitten und diese drei Minuten im Waffeleisen gebacken. Mit einer Prise Zimt und einer schönen Vanillesoße dazu hat man im Handumdrehen einen *schnellen und leckeren Nachtisch!*

39

Ein weiterer Geheimtipp beim Saubermachen ist Gebissreiniger. Mit einer Tablette kriegen Sie Vasen, Thermoskannen und sogar die Toilette blitzeblank. Einfach ein Tab einwerfen und mit heißem Wasser auffüllen. Ein paar Minuten einwirken lassen, ausspülen, *fertig!*

40

Paprika hat eine sehr feste Haut. Die kann man ruhig mitessen, aber manche stören sich daran und mögen das nicht. Sie können die Pelle prima ganz dünn mit einem Sparschäler entfernen oder die Paprika sehr heiß im Backofen grillen, bis die Haut schwarz ist. Dann ist das Fruchtfleisch weich und die Haut lässt sich ganz leicht entfernen.

41

Kennen Se diesen einen Knopf, der immer wieder abreißt? Mich macht so was ja verrückt. Bei mir ist es der am Kopfkissen, der ganz unten links. Den habe ich erst mit normalem Garn angenäht – zack!, war er wieder ab. Dann habe ich Zwirnsfaden genommen, aber nicht mal der hat gehalten. Aber als ich mein schwerstes Geschütz – Zahnseide – aufgefahren habe, da hat er aufgegeben und hält nun bombenfest.

42

Gekochte Kartoffeln stelle ich nach dem Abgießen noch mal kurz auf die Herdplatte, damit das Restwasser verdampft. So werden sie schön mehlig und schmecken besser, *merken Se sich das.*

43

Wenn ich Hackepeter oder Hackfleisch einfriere, drücke ich es in der Tüte immer recht platt, so wie zu einer dicken Scheibe. Das spart nicht nur Platz im Gefrierschrank, sondern es taut später auch schneller auf als so ein dicker Klops.

44

Wenn man einen Schrank oder ein Regal aufbaut, liefern die einem meist eine große Tüte mit Schrauben, Nägeln, Dübeln und sonstigen Kleinteilen mit. Dann kauert man auf dem Boden und verbringt den halben Tag mit Hämmern, Schimpfen und Suchen nach dem richtigen Kleinteil. Das habe ich bei meinem Neffen Stefan und seiner Frau Ariane beobachtet, als die seinerzeit die Möbel für ihr neues Haus aufgebaut haben. *Vermeiden Se unnötigen Streit zu Hause und befolgen Sie meinen Rat:* Sortieren Sie den ganzen Kleinkram vor Beginn immer in einen Eiswürfelbehälter. Da hat man viele kleine Fächer und alles ist griffbereit, wenn es laut Anleitung dran ist.

45

Gegen Zwiebelgeruch an den Händen kann Kaffee helfen *(Tipp 11)* oder die Finger mit Edelstahlseife zu waschen. Das haben Sie bestimmt schon mal gehört. Aber wer hat schon Edelstahlseife, frage ich Sie? Ein Spülbecken aus Edelstahl hingegen hat fast jeder zu Hause. Reibt man die Hände am Spülbecken, hat man den gleichen Effekt und ist so den Geruch schnell wieder los.

46

Das Wasser von Gewürzgurken gieße ich nie weg. Das kann man prima in Kartoffel-, Nudel- oder Geflügelsalat geben. Das gibt Geschmack und man braucht nicht so viel von der doch etwas fettigen Majonäse. ***Da freut sich die Leber und auch die Doktorsche, wenn sie mir wieder Blut abnimmt.***

47

Merken Se sich das: Birnen werden beim Einwecken nicht braun, wenn man eine Scheibe Zitrone mit ins Glas gibt. Das gibt auch einen schönen frischen Geschmack, zusammen mit Nelke und Zimt. ***Ach, mir tropft schon der Zahn!***

48

Grasflecken in den guten Sachen sind eine wirkliche Herausforderung für jede Hausfrau – fragen Sie Ihre Mütter und Großmütter. Aber probieren Se mal, die Flecken mit Buttermilch großzügig zu betupfen und alles über Nacht einweichen zu lassen. Das klappt nicht immer, da kann ich Ihnen leider keine Garantie geben. ***Aber es ist einen Versuch wert, ich hatte schon einige Male Erfolg.***

49

Steht im Rezept, dass man Nelken, Pimentkörner oder Wacholderbeeren zugeben soll, so fülle ich die immer in einen Teefilter. Die Gewürze geben den Geschmack ab, und den Teebeutel kann man nach dem Kochen ganz leicht rausfischen und niemand beißt beim Essen auf die unangenehmen »Kanonenkugeln«.

50

Ohne Deckel will ich nicht kochen, wegen der Energieverschwendung, aber mit geht auch nicht, dann blubbert immer gleich alles über. Es ist gar nicht so leicht, die richtige Einstellung für den Topfdeckel zu finden und auch noch aufzupassen, dass er nicht doch wieder ganz auf den Topf rutscht. Aber da schaffe ich Abhilfe, indem ich eine Wäscheklammer an den Topfrand klemme. So bleibt der angetippte Deckel stabil liegen.

51

Wenn man wie ich viermal verheiratet war, kennt man sich mit Schnittblumen aus. Hin und wieder kamen die Angetrauten ja doch mit Blumen nach Hause. Daher weiß ich: Tulpen sollte man nie in zu viel Wasser stellen, da sie leicht faulen. Immer nur – na, sagen wir mal, zwei Zentimeter Wasser einfüllen und regelmäßig nachfüllen. Tulpen schießen auch gern wie wild nach oben, also kann man auch gut am Stengel etwas kürzen, wenn man eh schon das Wasser wechselt.

So haben Sie länger Freude an Ihren Blumen, glauben Se mir.

52

Ein Picknick ist was Feines im Sommer – wir machen das gern mit Stefan, Ariane und den Kindern. Statt Kühlakkus, die viel Platz in der Tasche wegnehmen, stelle ich vorher Mineralwasserflaschen in den Kühlschrank. Wasser nimmt man ja sowieso mit, und gekühlt übernehmen die Flaschen gleich noch die Funktion der Akkus.

53

Beim Backen sollte man die Eier immer bei Zimmertemperatur verarbeiten. Nimmt man sie direkt aus dem Kühlschrank, ist das in ihnen enthaltene Fett nämlich fest und der Teig bekommt eine ganz andere Konsistenz. Meine Oma Strelemann hat immer am Abend vorher die Backzutaten in die Küche gestellt, und das hatte seinen Grund.

Ihre Kuchen waren ein Gedicht!

54

Ich bin keine, die sich viel aus Wein macht. Höchstens, wenn Besuch kommt, wird bei mir mal eine Flasche aufgemacht. Die Reste gieße ich dann nicht weg, sondern friere sie im Eiswürfelbehälter ein. So habe ich immer portionsgerechte Würze für eine Soße zur Hand.

55

Mit medizinischen Ratschlägen bin ich vorsichtig, da lassen Se unbedingt immer einen Arzt draufgucken, ganz egal, was Sie haben. Aber ein Hausmittel gegen Entzündungen, Prellungen oder auch Insektenstiche sind Quarkwickel. Einfach den Quark recht dick auf die geschundene Stelle auftragen und mit einem sauberen Handtuch abdecken. *Dann sollte man Ruhe geben und Geduld haben.*

56

Ich sag immer: Je weniger rumsteht, desto weniger kann einstauben. Räumen Se regelmäßig auf und stellen Sie Sachen sofort wieder an ihren Platz, auch, wenn Sie die ganz bald noch mal brauchen. Gertrud hat auf ihrer Küchenzeile den Wasserkocher, die Zeitungen, die Tabletten, die Teebeutel, das Radio und die gebrauchten Frühstücksbrettchen stehen, weil sie die abends noch mal nimmt. Das sieht immer verkramt aus, man kann da keinen Besuch reinlassen! ***Gleich aufräumen erspart Ihnen viel Arbeit.***

57

Auch der besten Hausfrau passiert mal ein Malheur und es brennt was an. Das ist keine Schande! So was kommt vor. Am besten, Sie weichen das Desaster gleich erst mal ein und entfernen, was mit der Gabel aus dem Topf oder der Pfanne abzukratzen geht. Alsdann empfehle ich zwei Esslöffel Backpulver und ein wenig kochend heißes Wasser, sodass eher eine Paste als eine Lösung entsteht. *Das Angebrannte damit wegschrubben, gut nachspülen und die Reste mit ein wenig Salz oder Scheuerpulver entfernen.*

58

Unsere kleinen Fellnasen wollen wir alle nicht missen, ob es nun Hunde oder Katzen sind. Aber sie haaren eben auch die Stube voll. Mein Katerle schubbelt sich gern an meinem Fernsehsessel, ***ach, das sieht dann immer aus!*** **Aber ich schimpfe nicht mit ihm. Ich quäle mich auch nicht lange mit dem Staubsauger, sondern reibe einfach mit der Hand, über die ich einen Gummihandschuh gezogen habe, über das Polster – so gehen die Haare ganz prima ab.**

59

Haben Se schon mal probiert, Kartoffelpuffer (manche sagen Rösti, andere Reibekuchen – Sie verstehen mich schon!) im Waffeleisen auszubacken? Das geht besser, als man denkt. Und die Kinder langen noch mal so begeistert zu, weil die Puffer so hübsch aussehen. Mit Apfelmus und ein bisschen Zucker bestreut ist das ein leckeres Mittagessen.

60

Hin und wieder hat man Dinge auf der Einkaufsliste stehen, die einem peinlich sind. Ich will da gar nicht ins Detail gehen, es ist ganz egal, was es ist. Jedem ist ja was anderes unangenehm. Wenn ich Stefan Gebisshaftcreme auf die Einkaufsliste schreibe, kann ich sicher sein, dass er die vergisst mitzubringen. Würde er mich hingegen losschicken, diese Gummidinger da … Also, die würde ich auch nicht kaufen! Ich habe da einen Tipp für Sie: Legen Se einfach eine Geburtstagskarte mit auf das Kassenband! So denkt die Kassiererin, dass es ein Geschenk ist, und Sie können bezahlen, ohne rot zu werden. Ariane macht das immer, wenn sie Tosca für mich kauft.

Wobei das nun wirklich nichts zum Schämen ist. So ein feiner Duft!

61

Die modernen Küchenherde mit Glaskeramikoberfläche sind schick, aber schwierig zu reinigen. So achtsam man auch ist, ab und an kocht doch was über und brennt ein. Aber auch hier habe ich einen Tipp für Sie: Am besten weicht man das Eingebrannte nach dem Abkühlen mit einer Mischung aus Zitronensaft und Backpulver ein und wischt mit klarem Wasser nach. Zu guter Letzt wird mit einem Tropfen Klarspüler poliert, das verhindert Kalkflecken und lässt den Herd wieder schön glänzen.

62

Letztens war Stefan hier und wollte mir ein Regal an die Wand schrauben. Na, der erste Versuch beim Bohren ging ein bisschen daneben. Der Dübel musste wieder raus. Stefan hat einen Korkenzieher angesetzt – und zack!, war das Problem behoben. ***Da habe ich gleich an Sie gedacht und es mir gemerkt, um es aufzuschreiben.***

63

Oft heißt es in Rezepten, für Mürbeteig zum Beispiel, *»Man nehme kalte Butter.«* Ja, wenn man die aber verarbeiten will, macht sich das mit einem Stückchen von 100 oder 200 Gramm nicht gut. Deshalb schabe ich sie in kleine Flöckchen. So kann man den Teig ganz leicht weiterrühren oder -kneten und der Kuchen gelingt wunderbar.

64

Heutzutage sind ja »Wildkräutersalate« groß in Mode. Wir haben das meiste davon den Kaninchen gegeben, und heute kostet das elf Euro in der Gaststätte. Na, jede Zeit hat ihre Moden. Wenn Sie den Salat mit Veilchenblüten servieren, sind Sie ganz weit vorn, das sage ich Ihnen! Die Blüten werden in erst leicht angeschlagenes Eiweiß und anschließend in feinen Zucker getunkt und bei gerade mal 50 Grad für 20 Minuten im Ofen getrocknet. ***Das schmeckt nicht nur fein, sondern sieht auch wunderhübsch aus!***

65

Ariane hatte die Nase voll von der Unordnung im Kleiderschrank der Kinder. Sie hat kurzerhand ein paar alte, verwaschene T-Shirts mit weitem Ausschnitt auf links gedreht und unten zugenäht. Wieder zurückgekrempelt und auf einen Bügel gehängt, hat sie nun eine einfache und praktische Aufbewahrung für Söckchen, Gürtel und anderes Kleinzeug. *Pfiffig, das Mädel!*

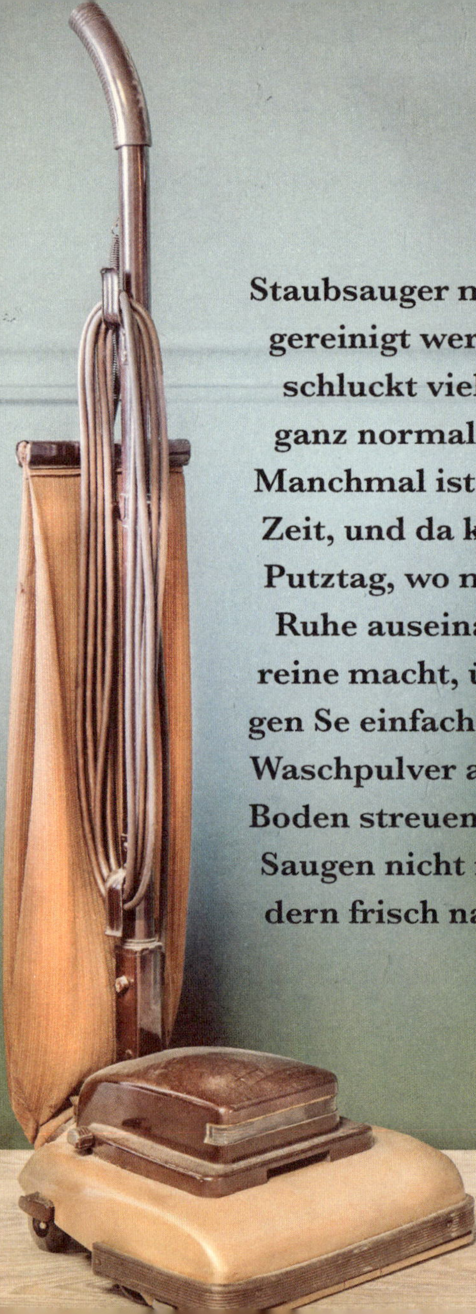

66

Staubsauger müssen regelmäßig gereinigt werden. So ein Gerät schluckt viel Dreck, da ist es ganz normal, dass es müffelt. Manchmal ist aber gerade keine Zeit, und da kann man bis zum Putztag, wo man den Sauger in Ruhe auseinandernimmt und reine macht, überbrücken. Saugen Se einfach eine kleine Menge Waschpulver auf, die Sie auf den Boden streuen. So riecht es beim Saugen nicht mehr muffig, sondern frisch nach Blumenwiese.

67

Ein Tipp für Ihre nächste Kuchentafel: Der Tortenboden matscht nicht so leicht durch, wenn man ihn vor dem Belegen mit Obst mit etwas Sahnesteif oder Semmelbröseln bestreut. Das nimmt die Feuchtigkeit auf und der Kuchen wird lecker und bleibt länger frisch.

68

Gulasch schmeckt wie über dem offenen Feuer gekocht, wenn Sie einen halben Teelöffel geräuchertes Paprikapulver beigeben. *Hihi, aber bitte verraten Se mich nicht, dass ich ab und zu auch mal trickse beim Kochen.*

69

Pfannkuchen- oder auch Waffelteig wird schön fluffig, wenn man einen kleinen Schluck sprudelndes Mineralwasser vor dem Backen hinzugibt. Den kleinen Kniff habe ich mir von Oma Strelemann abgeguckt, und bei ihr hat es immer geschmeckt.

70

Ich bin beim Kochen immer für frische Zutaten. Man darf das aber auch nicht zu eng sehen. Tiefgefrorene Himbeeren zum Beispiel sind ganz prima, und auch Tomaten aus der Dose zu verwenden erspart viel Mühe. Pfeffer sollten Sie allerdings immer frisch mahlen, fertig gemahlener Pfeffer ist einfach nichts.

Da können Se auch mit Staubflusen von unterm Sofa würzen.

71

Wenn ich Zitronen auspresse *(Tipp 6)*, werfe ich die Schalen nicht weg. »Warum nicht?«, werden Sie jetzt vielleicht fragen. Zitronenschale gibt vielen Gerichten einen gewissen Pfiff und eine noch mal ganz andere Frische als Saft. Mit einem Zestenreißer oder auch mit einer feinen Reibe lässt sich das Gelbe der Schale ganz einfach gewinnen. *Getrocknet hält sich das ewig!*

72

Und selbst, wenn die
Zitronen ausgepresst wurden und
das Gelbe von der Schale abgerieben
ist, kann man sie noch gebrauchen.
Gehen Sie mit der Schale über die
Wasserhähne, durch die Waschbecken
und über den Spülstein.
So entfernen Sie Kalk und bringen
alles wieder fein zum Glänzen.

73

Ein Tipp für mehr Ordnung im Nähkästchen: Passende Knöpfe fädle ich immer auf eine Sicherheitsnadel auf. Nichts ist doch schlimmer, als wenn man in der großen Kiste stundenlang den fehlenden fünften blauen Knopf sucht! Sortiert auf einer Sicherheitsnadel hat man mit einem Griff alle beisammen.

74

Ilse nimmt zum Puderzucker-
Stäuben immer eine alte Strumpfhose.
Sie wollte unbedingt, dass ich Ihnen
das aufschreibe, und ich mache das auch,
um der alten Freundschaft Willen.
Aber machen Se das bitte nicht nach,
es wird nicht mit rechtem Appetit
gegessen, wenn das bekannt wird.

75

Die jungen Leute laufen ja alle mit solchen Kappen auf dem Kopp rum, Basekäpp sagt man wohl. Stefan kenne ich gar nicht ohne. Ich glaube, der geniert sich ein bisschen, weil er mit gerade 30 schon ein bisschen kahl auf dem Kopf wird – das liegt bei den Winklers in der Familie. Ab und an müssen aber auch die Mützen mal in die Wäsche, und da habe ich von Ariane einen Trick abgeguckt: Sie setzt die Dinger auf aufgepustete Luftballons zum Trocknen.

So behalten sie ihre Form.

76

Sie kennen das bestimmt auch:

Man friert Reste ein, und beim Auftauen gibt es dann eine Überraschung, ob es nun Gulasch, Tomatensoße oder Soljanka ist, wenn man die Dose nicht ordentlich beschriftet hat. Ich habe mir deshalb Malerkrepp besorgt: Es hält gut auf den Büchsen, man kann so groß schreiben, dass man es auch lesen kann, wenn Eiskristalle drauf sind, und man kriegt es ohne zu schrubben wieder ab.

77

Edelstahlblenden in der Küche sehen schick aus. Allerdings hat man als Hausfrau seine liebe Mühe damit, denn man sieht jeden Fingertapser, und meist kriegt man die nicht mal durch Polieren wieder weg. Da hat unser Kurt mir einen Trick verraten: ***Mit einem klitzekleinen Sprüher WD-40 wird die Blende vom Herd oder vom Geschirrspüler blitzeblank!***

78

Bei Zucker sollte jeder ein bisschen aufpassen, davon essen wir ja alle zu viel. Aber ich muss besonders darauf achten, damit die Doktorsche nicht schimpft, wenn ich wieder zum Blutabnehmen bin. Bevor Sie sich also den Kaffee süßen, empfehle ich, immer erst einen Schluck schwarz zu kosten. Dann machen Sie ein kleines bisschen Zucker ran. *So schmeckt der Kaffee schon schön süß, obwohl nur ganz wenig dran ist.*

79

Einen Heizkörper richtig sauber zu bekommen ist manchmal gar nicht so leicht. Der Staub verkriecht sich in den letzten Ecken, und auch, wenn der Staubsauger noch so tolle Aufsatzbürsten hat, kommt man nicht überall hin. Versuchen Se es einfach mal andersrum: Pusten statt saugen! Mit einem Föhn bekommt man den Dreck spielend leicht aus dem Versteck und saugt dann einfach VOR dem Heizkörper. *Jawoll, so mach ich das immer – man muss sich nur zu helfen wissen.*

80

Ein Mückenstich kann eine unangenehm juckende Angelegenheit sein. Drückt man einen heißen Löffel auf die Einstichstelle, geht die Schwellung zurück und das Jucken lässt merklich nach. Den Tipp hat mir ausnahmsweise mal nicht Oma, sondern Opa Strelemann verraten – der war auch ein weiser Mann.

81

Wenn ein Glas oder eine Tasse einen Sprung hat, schmeißen Sie die bitte sofort weg. Das gibt nur Unheil. Man schneidet sich, oder sie fällt auseinander, sobald etwas Heißes reinkommt. Es hat keinen Sinn, selbst wenn es die Lieblingstasse ist und viele Erinnerungen dranhängen. Sicherheit geht vor!

82

Sollte das Essen zu scharf sein – also, nicht salzig, sondern scharf, wenn Sie zu viel Chili drangetan haben oder scharfen Paprika – können Sie es noch retten, indem Sie eine rohe Mohrrübe mitkochen. Die Möhre dazu am besten in Scheiben schneiden, damit eine große Oberfläche entsteht und das Gemüse recht viel Schärfe aufnehmen kann.

Vor dem Servieren entfernen – und ihre Gäste werden nichts merken.

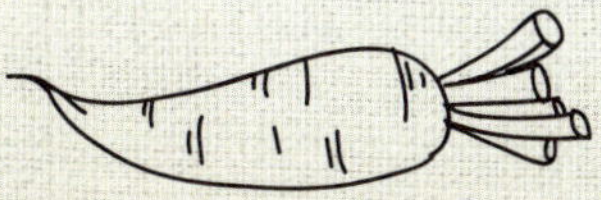

83

Zusammengehörende Bettwäschegarnituren hebe ich im Schrank immer in einem der Kopfkissenbezüge auf. *Wissen Se, so hat man auf einen Griff alles beieinander,* ob es nun der Bettbezug, der Kopfkissenbezug oder das passende Laken ist.

84

Sie kennen das bestimmt auch: Ausgerechnet, wenn man das Parkett oder auch die Fliesen frisch gewischt und gebohnert hat, kommt einer mit neuen Schuhen und macht mit dem Absatz Gummischlieren. Das ist sehr ärgerlich und geht auch mit einfachem Wischen nicht wieder weg, da muss man auf die Knie. Am einfachsten geht das mit einem Tennisball, da muss man nur ganz leicht reiben. Norbert, die Doberdogge meiner Freundin Gertrud, apportiert die Dinger reichlich. *Ich kann Ihnen da gern welche besorgen!*

85

Wenn man Chilischoten geschnitten hat, hantiere man bitte vorsichtig mit den Fingern und reibe sich um Himmels willen nicht die Augen. Aber wer denkt schon daran, wenn es juckt? Dann wird doch gerieben, und dann hat man das Dilemma. Am besten reiben Se sich die Hände mit ein paar Tropfen Speiseöl ein, nachdem Se mit dem Chili zugange waren. Anschließend einfach mit Seife gründlich abwaschen. *Da werden Se staunen, wie prima das hilft!*

86

Beim Kofferpacken ist es klüger, die Sachen zu rollen, statt sie zu falten. So knittert die Kleidung weniger und es spart Platz. Und natürlich gehören die schweren Dinge wie Schuhe oder Bücher als erstes in den Koffer. Die Strumpfhosen stopfe ich immer in die Schuhe, so spart man zusätzlich Platz.

87

Kohlrouladen werden klassisch ja mit Hackfleisch gefüllt. *Probieren Se mal,* die Hälfte des Fleisches durch gekochten Reis zu ersetzen. Das schmeckt nicht nur leichter und ist bekömmlicher, sondern es spart auch Geld.

88

Blumenkohl hat ja einen eher feinen Geschmack. Er wird kräftiger, gibt man ein paar von den grünen Blättern mit in das Kochwasser. *Probieren Se das mal!*

89

***»Wenn das Essen versalzen ist, ist der Koch verliebt«*, sagt ein Sprichwort. War die Liebe sehr groß und es ist sehr salzig, hilft vielleicht noch dieser kleine Trick: Kochen Sie in der Suppe oder Soße ein bis zwei rohe Kartoffeln mit. Schneiden Se die Kartoffeln in grobe Stücke, dann nehmen sie noch mehr Salz auf. Vor dem Servieren entfernen, und niemand wird etwas von der großen Verliebtheit merken – da gebe ich Ihnen mein Wort.**

90

Wissen Se, Butter, die im Kühlschrank stand, lässt sich nicht gut streichen. Da haben Sie zerrupfte Stullen, und das sieht nicht schön aus und schmeckt auch nicht so gut. Sie wird aber in Windeseile zart, wenn Sie für ein paar Sekunden eine heiß ausgespülte Schüssel darüberstülpen. Sie können die Butter auch für zehn Sekunden in die Mikro-Ping legen – aber nicht länger, sonst läuft Ihnen die ganze Sauerei entgegen.

91

Wenn ich was mit Schokolade backe, gebe ich immer auch eine ganz kleine Prise Kaffeepulver und ein paar Krümel Salz hinzu. Das hebt das Aroma und schmeckt köstlich. Jeweils nur eine ganz kleine Prise, man soll es nicht rausschmecken, es soll nur helfen, den Geschmack zu heben. *Fragen Se mich nicht, warum, es ist so. Probieren Sie es aus!*

92

Hat man sich einen Holzsplitter eingerissen, kann das sehr unangenehm sein. Manchmal kriegt man den selbst mit der feinsten Pinzette nicht zu fassen und operiert da ewig rum, am Ende entzündet es sich noch und man muss zum Doktor. Ein guter Trick ist, sich einen kleinen Tupfer Holzleim auf den Splitter zu schmieren und trocknen zu lassen.
Mit ein bisschen Glück geht der Störenfried ganz leicht raus, wenn man den ausgehärteten Leim abzieht.

93

Ich wurde letzthin gefragt, ob ich nicht einen Rat geben kann, wie man ein Spannbettlaken zusammenlegt. Nee. Kann ich nicht. Wir mussten Ilse da wieder mit Kurts Taschenmesser raustrennen, als sie es versucht hat. Knüddeln Se die Dinger einfach in die Schublade, das ist entschuldigt.

Machen Se sich das Leben nicht schwerer, als es ist. Niemand kommt in die Hölle, weil er seine Spannbettlaken nicht richtig zusammengelegt hat!

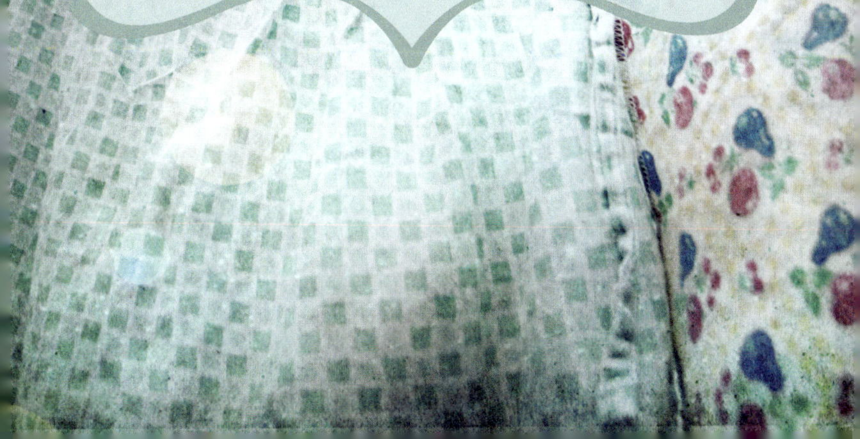

94

Hat man seinen Parkettboden ordentlich poliert, wie es sich gehört, verrutscht beim Staubsaugen manchmal dummerweise der Teppich. Das sieht nicht schön aus, wenn der so schief in der Stube liegt! ***»Schief ist englisch, und englisch ist modern«,*** **sagt Getrud zwar immer, aber meinen Teppich habe ich doch lieber ordentlich liegen.**
Ich habe die Teppichränder deshalb mit doppelseitigem Klebeband befestigt und das Problem so gut im Griff.

95

Merken Se sich das: Milch kocht nicht so leicht über, wenn man einen großen Löffel in den Topf gibt. So kann die Hitze nach oben abgeleitet werden. Fix müssen Se trotzdem sein und den Topf vom Feuer ziehen, aber Sie haben einen Augenblick mehr Zeit zu reagieren.

96

Wenn Besuch im Hause ist, gibt man sich ja immer doppelt so viel Mühe. Schließlich sollen Gäste sich wohlfühlen und man will sich auch nicht blamieren mit seinen Kochkünsten. Wenn ich zum Brunsch – das ist, wenn man spät frühstückt, mit Gabeln, und es was Warmes aus der Pfanne gibt – Spiegelei serviere, schneide ich gern eine Paprika in Ringe und schlage die Setzeier da rein. *Das sieht appetitlich aus und man hat auch gleich noch Fittamine dabei.*

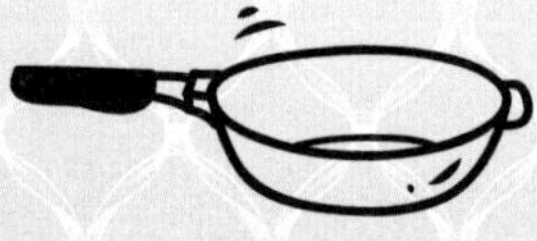

Kaffee kann sehr unangenehme und hartnäckige Flecken machen. Am besten geben Se etwas Salz und ein bisschen sprudelndes Mineralwasser auf den Fleck. Das löst die Verschmutzung gut an, *und den Rest sollte die Waschmaschine schaffen.*

98

Wenn es draußen knackig kalt ist und die Schneedecke blütenweiß, ist das die beste Gelegenheit, die Teppiche zu klopfen. Am besten rollt man sie am Abend vorher zusammen und legt sie über Nacht ins Freie, damit sie nicht warm sind und den Schnee zum Tauen bringen. Man legt sie dann mit der Laufseite nach unten in die weiße Pracht und drischt kräftig auf sie ein. *Der Staub verschwindet im Nu, und die Farben leuchten prächtig wie am ersten Tag!*

99

Orangenschalen müssen Sie nicht wegschmeißen. Geben Se die in ein Schraubglas, füllen Sie es mit Essig auf und lassen Sie das Ganze zwei Wochen stehen. Der Sud ist ein prima Reiniger ganz ohne Chemie. Fettflecken haben keine Schangse mehr, auch Etiketten lassen sich damit ablösen, und das ganze Haus riecht wunderbar und frisch.

Nun habe ich Ihnen so viele nützliche Tipps gegeben, ich denke, wenn Sie den ein oder anderen Rat beherzigen, kommen Se im Haushalt gut zurecht. Ihre Renate Bergmann.

Renate Bergmann, geb. Strelemann, 82, lebt in Berlin-Spandau.
Sie war Trümmerfrau, Reichsbahnerin und hat vier Ehemänner überlebt.
Renate Bergmann ist Haushaltsprofi und Online-Omi. Ihre riesige
Fangemeinde freut sich täglich über ihre Tweets und Lebensweisheiten
im »Interweb« – und über jedes neue Buch.

Torsten Rohde, Jahrgang 1974, hat in Brandenburg/Havel Betriebswirtschaft
studiert und als Controller gearbeitet. Sein Twitter-Account
@RenateBergmann entwickelte sich zum Internet-Phänomen.
Es folgten mehrere Bestseller unter dem Pseudonym Renate Bergmann.

Covergestaltung: Grafisches Atelier, arsEdition GmbH
Gestaltung Innenteil: Eva Schindler
Bildnachweis: Cover: »Renate Bergmann« Illustration: © Rudi Hurzlmeier
(auch auf S. 95); Hintergrund: greoli / Shutterstock.com;
Topf: Grafisches Atelier, arsEdition GmbH
Motive Innen: S. 10: Lois GoBe / Shutterstock.com; S. 21: szefei /
Shutterstock.com; S. 37: NDanko / Shutterstock.com; S. 41: Magnifiqueshot /
Shutterstock.com; S. 57: Nelli Syrotynska / Shutterstock.com; S. 64: Martin
Bergsma / Shutterstock.com; S. 70: iravgustin / Shutterstock.com; S. 89:
Jennifer Westmoreland / Shutterstock.com; S. 12: milad Fakurian / Unsplash;
S. 46: David fartek / Unsplash; S. 54: William / Unsplash; S. 57: Tracey
hocking / Unsplash; S. 78: Rodolfo marques / Unsplash; S. 83:
Erwan hesry / Unsplash; S. 93: Rasa kasparaviciene / Unsplash
Hintergründe: www.shutterstock.com: greoli; one AND only; Abstractor;
Irtsya; RomanYa; Anna_Sokol; Loguna; Woodhouse; Stilesta; Elena Akimova;
Getty Images / Boonyachoat; Getty Images / Ilyabolotov; Getty Images /
ba888; Getty Images / ExpressIPhoto; Getty Images / RedKoalaDesign;
Getty Images / Jakkrapat; Vignetten: www.shutterstock.com: mhatzapa;
Max Morphine; primiaou; Vasya Kobelev; Getty Images / MOMOKO SAKAI

978-3-8458-4982-9
www.arsedition.de

MIX
Papier aus verantwortungsvollen Quellen
FSC® C018236